De adobe y mar

(Antología)

COLECCIÓN PRÚA

© Francisco Álvarez Velasco, 2025

© Logo de la colección: Mujer con paraguas, de Avelino Fierro.
© Prólogo de José Carlos Díaz, 2025
© *Editorial Difácil, 2025*
editorial.difacil@gmail.com
www.difacil.com
ISBN: 978-84-10363-18-2
Depósito Legal: VA 475-2025

Consejo editorial de la *Colección Prúa*: José Luis Argüelles, José Carlos Díaz, César Iglesias, Pedro Luis Menéndez y Juan Muñiz.

Imprime: Imedisa

Impreso en España

FRANCISCO ÁLVAREZ VELASCO

De adobe y mar

(Selección y prólogo de José Carlos Díaz)

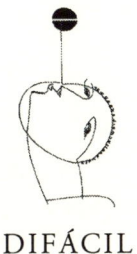

DIFÁCIL

PRÓLOGO

Los poemas que integran esta antología han sido escritos a lo largo del último medio siglo. Proceden de once publicaciones diferentes. Son la obra de un hombre de más de ochenta años. Por todo ello, estamos ante un quehacer suficientemente cumplido en el que tiempo ha ido revelando, además de sus intrínsecas virtudes literarias, la persistencia de una resuelta singularidad. Este libro quiere ser el rastro fiel de esa creación debida a un autor cuya trayectoria está, pues, prácticamente trazada. Porque lo que de nuevo pueda dar a imprenta Francisco Álvarez Velasco en el futuro, aunque ojalá fuera aún mucho, es muy probable que no difiriese demasiado en su estilo y motivaciones de lo que ya ha dejado de tan memorable forma escrito, al haber mantenido un decir plenamente identificable como sólo suyo, enmarcado, además, por unos escenarios familiares, recurrentes y recreados desde la elegía. «Muere mi tiempo fugitivo y estoy velándolo», escribe «al modo de César Vallejo» en *Tiempo de amor y mar*, resumiendo así la inspiración de gran parte de su poesía.

Sorprende, y debe ello hacerse notar, que hasta hoy, transitando, como el autor transita, una madurez ya tan avanzada, y habiendo concitado sus poemarios siempre rendido reconocimiento de crítica y lectores, no se haya publicado recopilación aún alguna de este poeta que, aun porfiando en una trayectoria sin amparo generacional o grupal, se ha ganado el respeto unánime de quienes sí han ido constituyendo las distintas y, en ocasiones, enfrentadas corrientes poéticas del tiempo en el que le ha tocado vivir y escribir. Puede, pues, interpretarse esta publicación como un acto de justicia, también de homenaje, que se emprende cuando ya se dispone de una perspectiva vital suficientemente dilatada de la tarea creativa y de la vida de Francisco Álvarez Velasco. Pero es, al tiempo, una publicación que al antologar elige, y que al hacerlo está cometiendo el atrevimiento de jerarquizar textos sobre los que, por guardarse siempre en ellos una constante exigencia de estilo, oficio y autenticidad, proceder a una selección resulta, más que difícil, casi una arbitrariedad.

Paco nació a orillas del Órbigo, en Cimanes del Tejar, León, en 1940. La fecha de su nacimiento y el lugar donde vive la infancia son piedra angular de su obra («Mezquino es nuestro mundo / si nos roban los mapas de la infancia»), razón desde la que se entiende mejor la orientación social y el arraigo en la naturaleza que la guían. En aquella posguerra de sus primeros años tuvo a su padre preso en el terrible campo de concentración de San Marcos, oyó atento los cuentos de los mayores —«que libros en casa no había»— y grabó en su corazón el nombre de las gentes, los árboles, las plantas, los ríos, los parajes y los animales del paisaje infantil en el que creció, inventariando así, en ese músculo de amor, un glosario de raíz que ha preservado para el resto de sus días y de sus versos como el eco de un paraíso robado. Allí fue niño, con sus asombros y sus pérdidas. De allí proviene el rumor elegíaco de su obra, partidaria, en todo momento, de manifestarse sin imposturas, con una claridad y precisión propias de quien, pese a las penurias de la época, tributa gratitud a un origen vivido plena y felizmente; de quien clama contra la injusticia habiéndola sentido muy cerca, incluso sufriéndola los suyos; de quien agradece el amor que le ha sido largo y generoso. Podríamos extendernos en el detalle de su vida, pues si casi toda vida lleva siempre en sí una peripecia de relato, cuánto más las vidas de las posguerras, pero baste decir, reseñado ya el peso en su conciencia de los primeros pasos, que aquel muchacho de origen humilde, que acudió a la escuela del pueblo hasta los once años, tuvo luego la fortuna de que un fraile, viendo en él disposición para el estudio, se lo llevara a cursar el bachillerato a Miranda de Ebro. La siguiente escala fue en León, para completar el curso de formación preuniversitaria que se conocía como PREU. Allí llegó ya letraherido y allí entabló amistad con algunos de los poetas que integraron el grupo Claraboya. Después, ya en Madrid, en tanto completa sus estudios universitarios y hasta que no recibe su primer sueldo estable como docente de instituto, trabaja en dedicaciones variopintas: profesor de español para extranjeros, corrector de pruebas, traductor o, incluso, vendedor de enciclopedias. Pero donde impartió sus primeras clases como enseñante de bachilleres fue en Ocaña de Toledo y, posteriormente, en Tarancón de Cuenca. Hasta que, en 1978, tanto él como su mujer, Carmina Martino Iglesias, aprueban las oposiciones que los llevan a Gijón, ciudad en la que fijan residencia y donde desarrollarán, en el Instituto Jovellanos, su labor docente durante casi treinta años. En esta ciudad criaron a sus dos hijas, Luz y Eva; cuidaron de sus muchos amigos; y se convirtió en el lugar donde finalmente Paco ha escrito casi toda su obra, sedimentada de páramo leonés, pero permeada, ola a ola, también de Cantábrico. Una obra de adobe y mar.

Tiempo de maldición, editado a finales de los años setenta del siglo pasado, pero que se empezó a escribir algunos años antes, fue su primer libro. Se hizo posible porque el autor había ganado un concurso convocado por la revista *Camp de l'Arpa*, cuyo premio era la publicación mensual en sus páginas del mejor poema recibido entre los muchos que se enviaban a cada convocatoria. Ese espaldarazo le animó a pergeñar un poemario al que terminó dándosele cabida en la colección *Taranto*, impulsada por otra revista de la época, *Nos queda la palabra*. Allí vio la luz *Tiempo de maldición*, libro en el que más que un compromiso sartriano, se advertía una inclinación hacia la poesía de clave existencialista, moral y humanista, en la estela de lo que distinguía por entonces al grupo artístico-literario leonés, antes aludido, *Claraboya*, con el que Paco entabló relación, sobre todo a través de Agustín Delgado, y en cuyas publicaciones llegó incluso a participar. En esa obra primera se manifiestan ya los asuntos que vertebrarán a partir de entonces la literatura de Paco Velasco: su experiencia rural, sobre todo la de su niñez; su vertiente social, con esa manera suya tan creíble de darle voz y vida a los más humildes; y la recurrencia amorosa en la que tantas veces se ha amparado de las inclemencias del mundo y del paso del tiempo.

Ha sido esa la materia reiterada en todo cuanto, desde entonces, Paco ha dado a imprenta, si bien la forma en que se aludían esos asuntos fue ganando en concentración expresiva con el paso del tiempo y las sucesivas entregas poéticas, tendiendo a una sustancial desnudez que quizás alcanzó una de sus mejores muestras en *Noche*, de 2005, libro, además, con el que logra el Premio Antonio Machado en Baeza. Una muy adecuada recompensa para quien ha tenido siempre como referente, junto a César Vallejo, nuestro romancero, San Juan de la Cruz o los escritores del Siglo de Oro, al poeta que yace en Colliure para baldón del país que lo exilió. Esa depuración en la forma intensifica la sensibilidad de otro libro tan fundamental como *Gregor Samsa frente a la ventana*, Premio Jaén (Hiperión, 2015), desde el que se alumbran, con una delicadeza compasiva, los resquicios en los que suele arrinconarse a los desfavorecidos.

Antes de esa entrega, había completado títulos como *Del viejísimo jugo de la tierra* (Deva, 1988) y *La hiedra del silencio* (Cuadernos de Cántiga, 1993), además de participar en los volúmenes colectivos *Libro del bosque* (1984) y *TetrAgonía* (1986). Publicaciones todas que pertenecen a una época de asentamiento en una ciudad, Gijón, que ha sido su ciudad hasta hoy, y en un destino, ya citado, el Instituto Jovellanos, donde terminaría jubilándose. Un periodo de trato con poetas y artistas de una generación con la que estableció sinergias y que empezaba a darse a conocer en Asturias en esos años ochenta; una época, también, de fijación, por parte del propio autor, de una poética sobre la que más que variaciones, hubo ahondamiento en las entregas que fueron sucediéndose en el tiempo, sin prisa, con admirable decantación.

Otros poemarios (además de algunas incursiones literarias de orientación infantil, aforística o narrativa) se intercalaron o aparecieron después: *Las aguas silenciosas* (Trea, 2007), *Memoria de la sombra* (El Brocense, 2010), *Tiempo de amor y mar* (Eolas, 2021) y *Mirar el mundo. Haikus* (Eolas, 2023), que cierra la bibliografía con la que se ha tejido la selección de los poemas de este libro.

Se aludía al comienzo de este prólogo a un «quehacer suficientemente cumplido», refiriéndonos al corpus literario de la presente antología. Y así de consumada debió entender también el propio autor esa travesía literaria cuando escribió *Tiempo de amor y mar*, un libro que sus propias palabras definieron como «balance de mi existencia e intención de que fuese mi último libro». De tal modo que hasta el poema que lo cierra lleva el significativo título de 'Final', «la vida se termina en un silencio como de pozo seco». Antes de esos versos últimos, y a través de unas páginas que incluyen algunos de sus mejores poemas, se traza una dualidad geográfica y vital que toma la forma de dos orillas: una, junta a la mar, y otra, junto al río de la infancia. La primera acuciada por el recelo de una edad sin dioses que nos sitúa frente a una perspectiva de un final de existencia lleno de enigmas. La segunda, ubicada en «aquel buen territorio/ cuando empezó la vida», del que la memoria arrastra hasta el recuerdo los mejores pecios, los más limpios y entrañables, aquellos que dan señal de un tiempo feliz y de una naturaleza cómplice. Para alivio de sus lectores, no fue finalmente *Tiempo de amor y mar* su último libro, pero, dado que como tal lo concibió el autor, sus páginas se nutrieron con una esclarecedora sedimentación de su más representativa poesía.

Pero no conviene que uno se demore más de lo preciso en estas líneas que sólo pretenden ofrecer noticia breve de un hombre que ha escrito sus versos como se talla un enser útil, con oficio, amor y sencillez, sin más adorno que un natural talento para decir verdad con belleza. Un hombre, en sus propias palabras, que «intenta, por medio de la poesía, asumir lo que nos destruye o nos vence y ponerlo en su sitio con su contexto de soledad o tristeza; para aplacar a la muerte, y darnos tiempo suficiente como para mirar con ternura a los otros, para ayudarlos contra los miedos que les acechen».

José Carlos Díaz

DE ADOBE Y MAR

MUCHO pedazo tuyo dejaste por la vida,
por los caminos que previamente te marcaran,
tanto trozo perdido a la orilla de tus sendas,
jirones que el viento aupaba hasta las ramas
sin hojas, ya el otoño bien entrado.

Memoria triste de ti, sin lágrimas ni aplausos;
ninguna mano en el camino te había dicho adiós;
hablabas de brocales malvadamente con soga y sin caldero.

Los otros te marcaron las horas de descanso;
sobre asépticas mesas frías
hicieron cálculos,
pusieron datos objetivos, tales como el viento
que te rasgaba la memoria de los tuyos,
o bien el silencio en los tímpanos del alma,
o bien la tristeza curvada de tu espalda.

Pusieron número a tus soles, número a tus lunas,
desde mucho atrás comprobaron el minuto de llegada.

Y nadie vino a desatar las sandalias de tu costumbre.
Nadie se agachó a mirar por las gateras de su casa.
Nadie perdón pidió por tu camino largo
o por la chaqueta lenta de tus hombros,
de tus hombros abiertos al viento del invierno.

HABÍA tanto sol en los tejados
que abrieron las ventanas las vecinas
y, mano sobre mano en la cayada,
los viejos en sus sillas se sentaron
delante de las puertas.

Al que de pie se ponga ante sus sillas
y les quite este sol de su diciembre,
el diablo se lo lleve.

Que se lleven los diablos
al que cogió la limpia cayada de mi abuelo
y le daba con ella en la cabeza,

y al que tiraba piedras a su espalda,

y al que le hizo contar
en cuentas de rosario
los vacíos minutos
de su tiempo después de la merienda.

La merienda en que estuvo
delante de su pan y su navaja,
al lado de la jarra con el vino.
Y nadie desplegó la servilleta
en sus rodillas,
ni dijo buen provecho.

Nadie dijo salud cuando bebía.

EL QUE REZA a la puerta de los templos
y llama con nudillos, por si alguien responde,
ignora que los templos son túneles sombríos
donde gotean las aguas del silencio.

No es tranquila esta tierra,
detrás de cada tapia un perro está ladrando.
¿Por qué formaron ellos
marcialmente a los niños
en filas ordenados, y les dieron tambores
los domingos y corpus y fiestas de guardar?

El que se sienta al borde de la vía
y saca su pañuelo, por si alguien saluda,
ignora que los trenes
son ríos de nostalgia
donde llora la gente su soledad.

No encontrará la puerta de su casa
y no sabe hasta dónde regresar
el que salió con niebla y en la noche,
cuando madre dormía junto al fuego
y padre cavilaba entre sus hombros.

La virgen pedía en orfandad
trabajo por las puertas
y el pan que nos sobraba,

no supo que por siempre quedaría
su vientre desolado.

Cercado estaba un hombre;
nadie acechó detrás de las esquinas.
Cuando cayó en el suelo,
largamente orinaron en sus ojos.
Nadie desde sus manos dijo nada
ni salió de la casa con agua en el botijo.

Y otro hombre está sentado,
la espalda contra el muro de la iglesia,
y lentamente parte con navaja el pan
que su perro comulga; y más tarde predica
con su mano derecha
y no le pone nadie monedas en la izquierda.

ES HOY la lluvia de la noche un sauce
de soledad sobre el radiante río
de tu sueño, por donde
estoy llamando a gritos y nadie me contesta,

y un álamo sin pájaros
de donde van cayendo las hojas ateridas,
a la orilla derecha de tu vientre en remanso,
donde arrojo las lentas piedras de la tristeza.

LA PALABRA DE UN HOMBRE HACE VISIBLE LO REAL

La paraula d'un home fa visible el real.

Porque si dices árbol
hay uno que se yergue
al lado del camino,
y el árbol se nos puebla de pájaros y tiene
rayos de luz y brisa verde y lenta
de oro en esta tarde.

Y hasta su tronco un hombre
llega por el camino,
y su sombra se funde con la sombra del árbol.

MEMORIA DEL BOSQUE

Ya viene la blanca niña,
ya viene la niña blanca
al pie de la fuente fría
que por el oro manaba.

(ROMANCE DE LA DANZA PRIMA)

En la lenta memoria de este bosque
de corazón plural, común a tanta vida
de líquenes y musgos,
denso perfume del laurel sagrado,
hojas tiernas de mayo,
o ramas neblinosas del invierno,
se han perdido las sendas por donde el hombre iba
y la choza en el claro no encuentra el peregrino,
y la yedra ha escondido las letras amorosas,
las que ciñen las limpias cortezas de abedules.

Hay, en cambio, una fuente
lustral y clara y fría,
esa que suena insomne y recuerda la historia
de aquella blanca niña.

HASTA LA MAR EL BOSQUE

Donde el brezo termina, cercado por helechos,
como una extensa y verde
bandada de palomas, nace el bosque.

Palomas que una edad lejana se posaron,
antes que el hombre fuera
para nombrar al bosque, para encender su fuego,
para darles los nombres
a seres que aquí habitan,
para llamar palomas
verdes a estas que baten sus alas con el viento.

Bajarán por los valles algún día
—cuando el hombre termine—
e irán sobre los ríos para un viaje sin puertos
hasta la mar inmensa.

ARCILLA luminosa donde el tiempo se comba.
Es arcilla tu cuerpo, remanso en que las manos,
arcilla en que los ojos, donde los labios secos
aquietan hoy sus pulsos, la luz más honda beben
que atesora la tierra.

¡Tierra arcilla tu carne,
honda tierra en silencio! Abierta gloriosa—
mente para la mano que avanza donde late
el fuego inextinguible de un corazón secreto.

A grandes sorbos busco la pura luz profunda.

Como si el mundo en sí no me incluyera
FRANCISCO DE ALDANA

COMO si no estuvieras ya en el tiempo,
yendo y viniendo en olas ordenadas
y en sosiego tu sangre venturosa,
asomado al mañana que inventaste,
puedes mirar atrás, mirar el mundo
espeso de cenizas,
las presurosas luces del oriente
que abortaba la niebla,
y la tierra girando en la rueda de siglos
ya sin nombre otra vez.
Puedes mirar atrás,
recordar en tu boca el polvo masticado
y escuchar en tu oreja
el áspero silencio que te helaba los tímpanos.

AHORA miras el mundo.
El mundo, que amanece vacío de señales.
Por sendas azuladas se fueron las palomas.
Secos están los cauces en los altos arroyos
y en los pozos se aquietan las aguas de la noche.
La alondra con el alba no sale hasta el camino.
Miras caer el fruto desde el árbol y ves que no germina.

Deshabitado el pecho
miras al hombre, cerebral
y aséptico y ajeno, sin poder explicarse
toda la luz que ofrece el universo.

Miras al hombre examinar su pecho,
fríamente su pecho,
avanzar por los sueños no soñados,
calcular las palabras que quedan por decir,
y hacer suma total y levantar el acta
de todos sus vacíos.

Miras al hombre en su afán resistirse,
orgulloso y erguido en sus deseos
y todopoderoso,
para ser al final la hoja última
en la rama más alta del aliso
que un momento titila con el aura
y después cae y se pudre con toda la hojarasca de la tierra.

con este dulce soplo
que triunfa de la muerte y de la piedra
ANTONIO MACHADO

PIEDRA bebemos en la delgadísima savia de los musgos.
Porque sabed que es humana la piedra con su musgo
y se vuelve más tierna
por el mínimo jugo con que fluye en el tiempo
y sale de su invierno detenido,
camina con los meses
y cruza los solsticios,
la mañana ¡tan fresca!
de San Juan.

MARZO, UN CUADRO DE ALEJANDRO MIERES

Decían unos labios: Algunas violetas
nacieron por la noche en las aceras.
Desde el rincón más puro de la tierra
tal vez el viento vino
y extendió las semillas.

Las antiguas raíces, silentes, poderosas,
sabemos que se acercan
y avanzan lentamente bajo el cemento nuevo
y romperán los muros de la común soberbia
y poblarán de yedra la amarga soledad de las esquinas.
Cauce será esta calle para el arroyo limpio,
desde el claro abedul de la ladera.

Y habrá pájaros, musgos, tejados con helechos,
hasta la última lluvia que refresque este mundo.

TAL VEZ puedas salvarte
si hoy por tu espejo vienen
bandadas de palomas que marcaron
linderos a la infancia
y campanas que fluyen
en altos campanarios
y nos convocan, llaman, están llamando a fiesta.

Cruza, en cambio, una niebla repleta de presencias ignoradas
con el espeso espanto del insomnio.
Y detrás de esta niebla,
otra niebla te llega sin orillas.

Tal vez puedas salvarte
si encuentras los caminos
y otro mundo detrás de los espejos
con mares, playas, islas.
Hay otra vida acaso en ínsulas extrañas
donde estés tú tendida para siempre.

ASÍ CAEN las hojas
y queda inerme el árbol,y borra la hojarasca los caminos.
Así los rostros mudos al fondo del espejo.
Así la vida, el chopo que se pudre
y pedazo a pedazo el agua lo disuelve.

¿Quién azuza este viento contra el bosque
y acecha en el camino
y a pedradas nos rompe los espejos?
Están las calles solas y nadie por los parques.
Y un rotundo tambor nos recluye en la casa,
la esperanza nos niega,
como cuando caemos desde un sueño
a otro sueño,
y del último sueño
al pozo desolado de la nada.

Pero contra este invierno
se alza una luz que fluye en los tejados.
Tal vez vaya a crecer
y devenir en pájaros del alba,
en voces jubilosas por las calles,
campanarios en fiesta,
o en franja diamantina de la espuma,
luminosas sonrisas.

HOY remonto en mi sangre
hasta la servidumbre lejana de mi abuelo
y le ayudo en las piedras que tuvo que mover
y le aparto del palo
y luego le enderezo la espalda
hasta mi tiempo.

Y me pongo con él a caminar hacia otros días.

y le doy un abrazo, emocionado

CÉSAR VALLEJO

¿**QUÉ** hacer ahora con toda esta nuestra esperanza
sino ver en qué para
aquel que está sentado
a la puerta del templo, y auscultarle
el dolor, ¡ese suyo!, debajo de su pecho,
tan gran dolor que vino acumulando
desde cuando era niño
grano de arena a grano
en ambos lagrimales?

Y mirar qué le pasa
a aquel otro sentado
en la última piedra, a la orilla del mundo,
llegado ya al final de su duro camino,
contando sus vacíos,
los que van entre angustias
y angustias, allá arriba en su cerebro,
su cerebro viejísimo.

MARCA con piedra blanca esta mañana
si ves que a flor de ojos
la mirada más limpia de los niños
está mirando el mundo.

Están mirando el mundo, hurgando en sus arenas
precisas, levantando las piedras
que nadie levantara,
acompasando el tiempo
en corros luminosos,
palabras repetidas que cantaste en tu infancia.

Con la piedra más blanca,
que están mirando el mundo.

AMARGO ES EL AMOR EN LAS AUSENCIAS

Ahora que este desierto me crece por las manos,
dónde tus ojos dónde,
tu boca dónde,
si trepan los silencios...

Y dónde tu rincón
de sombra, amor,
para buscar el mar,
por donde el agua estará sonando
y mueve las arenas y muere en las arenas.

Allá mi mano llega,
amor, y el mundo se me escapa.

Y queda sólo salobre huella, tacto frío.

MAÑANITAS DE MAYO

Todo lo que perdí
Volverá con las aves
JORGE GUILLÉN

Echar al vuelo tu corazón
para que vaya
un pájaro por los cielos
de esta mañana azul,
y cante.

Un único pájaro y libre.

EN LA SUBIDA CAVERNA DE LA PIEDRA

Si callas tu deseo,
en las hondas penumbras de la cueva
nunca has de ver
el oro de su cuerpo
y no tendrás el fuego de los ojos,
el trigo de su vientre,
y no tendrás la llave
del arcón de su alma.

CUERPO TENDIDO

A sol y a espliego hueles.
Y al tibio sacramento de tu carne
caminan las hormigas del deseo.

LOS ESPEJOS MUERTOS

En sus aguas se pudren
aquellos ojos todos,
y los cuerpos aquellos,
remolinos de sombras
que un día se miraban.

Los labios de Narciso,
las manos de Arnolfini y el vientre de su esposa,
la Venus de don Diego,
la guirnalda de Ofelia,
los bucles del rey Sol,
la púrpura de aquel Papa Inocencio,
aquellas ropas chapadas que traían…

Y ese polvo tan triste
de tantos oropeles de la historia.

AUTOPSIA

Alguien le abrió los ojos,
y en su interior había:
luces de amanecer, lentos trenes del alba,
un árbol con su sombra,
la hojarasca de otoño,
un rostro ante el espejo,
la escarcha en los cristales,
unos labios abriéndose,
otros ojos mirando...

ALBERGUE

Mirad los estorninos de la tarde.
No siembran, no trabajan;
tan sólo vuelan, comen, estercolan.

Y, sin embargo, Dios
los deja pernoctar
en el sombrío tejo de la iglesia.

Su aguda chillería
me despierta en el alba.
Con dos o tres palmadas
procuro espabilarlos,

y, ¡hala!, a cruzar los cielos.

A la tarde, regresan.

LAS PIEDRECILLAS BLANCAS

Llegas ahora, río, en las lentas carretas
de la noche de julio, por roderas lunares,
por las blancas estelas de los álamos claros,
por la desierta esquina de la tapia de adobes,
por el tren de las cinco que silva a los insomnes.

Llegas por las calzadas sobre piedras antiguas,
por los largos pasillos y los claustros en sombra,
por páramos hollados con las plantas del lobo,
por caminos del aire que el gavilán trazó,
por veredas del bosque, por las sendas del ciervo.

Esperándote estamos en el lecho desnudos
para irnos contigo sobre las piedras blancas,
sobre las piedras blancas
                            hasta dar con la mar.

ALBADA

Hogacita caliente
que se enfría en el alba.
A trabajo del hombre
huele ya la mañana.

EL FUEGO DE LA MANO

Llegar a donde el último
recinto de tu invierno.

Entrar a ti palpando las colinas,
los valles en reposo
y buscar en los nidos
donde el alba es abril
y hay un ave que incuba
los huevos de la vida.

LA MEJILLA ENTREGADA

Y tú, mano, acaricias
la pena vegetal, el hondo sufrimiento.
Ahí pusieras los granos
del montón del sufrir
que tanto fue creciendo.

Y te volvieras nido,
mano,
para que vuelvan
el ave aquella y la rosa
que un día se nos fueron,
mejilla, por los aires.

MANO

Y tú, mano, que vienes
para cerrar los ojos,
¿en qué pan te posaste?
¿En la harina de cuál de las artesas
te hundías con el alba?

¿En qué trilla?
               ¿En qué hoz
para segar el trigo?
¿En qué cesta de granos
para sembrar la tierra?

Maternal mano dulce,
cuando padre esperaba
en las salas sombrías de San Marcos.

«LAS HONDAS BÓVEDAS DEL ALMA»

noche amiga, amada vieja
ANTONIO MACHADO

VIENE la noche con sus pasos
de arena.
Con su grupa
                de luna
a dejarte en la alcoba.

Y me trae el agua clara
del cristal de los sueños
y la canción antigua

y el largo suspirar del acordeón,
que se pierde en el viento.

Con sus pasos de arena
que se pierde en el viento,
con sus pasos de agua
que se pierde en el viento,
con sus pasos de mar
que se pierde en el viento,
que se pierde en el viento...

HOGUERA DE AMOR VIVA

Mirar al cielo es contemplar la nada
si ave o nube no cruzan su desierto,
pues nada expresa ese claror incierto,
que refleja en espejo la mirada.

Mirar al techo para ver la nada,
pues nada dice al cuerpo sobre el lecho,
cuando ensayo las manos en el pecho
para cuando la muerte, tan callada...

Tras nada y nada, pues, pongo los ojos
abajo, donde va la vida: un río
de luz, del alba a los ocasos rojos.

Y, ¡hoguera de la vida contra el frío!,
a tu cuerpo me arrimo. En los rastrojos
la luz ya tiñe el manto del rocío.

MEMORIA

Rebusca en el desván de tu memoria.

Por allá quedarán instantes
plenos, limpios deseos, puntos
de luz que no se apagan,
ojos que te miraron amorosos,
manos que algún momento
sostuvieron las tuyas
o cuidaron tu alma
como si fuera ropa
doblada con ternura.

CUERPO en naufragio que las aguas
de la noche abandonaron
a la orilla del sueño.

Ya debes levantarte,
que habrá que darle cuerda
al viejo corazón de la mañana.

¿ES ESTA LUZ aquélla detenida
en los rojos tejados de la infancia?
No recuerdo ya bien.

Mas de pronto la tarde
tiene un remanso de oro
y es silenciosa,
y padre
ya ha cruzado los ríos de su invierno
y sube con los zancos en el hombro,
y está abuela llamando a las gallinas.

LA CENIZA DEL MIÉRCOLES

Árbol fue la ceniza.
luz o niebla
en su fronda acogía maternal.
Aves en él, y nidos
y niños
que en sus ramas jugaban;
corazones con flechas
y nombres en su piel.

Polvo eres...
(qué viejas las palabras)
y al polvo volverás.
Y aquel que las pronuncia
y el dedo del que habla,
y el pulgar que marca.

TUYO era el rostro campesino
madurado en los tiempos de la lluvia
y en los tiempos del sol.

Y el rostro enamorado,
también tuyo
(por roderas de luz generosa avanzabas).

Y el rostro de la cólera
implacable,
al asalto
contra los quicios duros
de las puertas del mal.

Mas, si te miran hoy,
tal vez nada descubran.
Nada en tu rostro dejan
nubes de tiempo nuevo,
ni aguas, ni arenas,
ni algas que marchan y retornan.

En la frontera estás de todos los vacíos.

PIEDAD PARA LA MÁSCARA

Ante ese hueco son de la persona,
que suena a soledad
si la golpeas,
a sombra y son salobre si la auscultas,
¿qué podemos hacer?

¿En qué silla sentarla,
llevarla de qué mano,
decirle qué palabras?
(Las que puedan posarse en su cerebro,
grávidas y precisas,
palabras que cual eco no reboten.)

Acelerar podríamos un poco
esos granos amargos
en su reloj de arena
y levantar su párpado lloroso
y soplar la brizna que lo hiere.

O volver hacia atrás,

hacia la infancia,
por ver si acaso sabe de otra senda,

si escucha otras palabras.
Las que al alba se abran
luminosas y broten como flores
—agazapado abril en su memoria—
y alegren hoy su párpado.

EL SILENCIO DEL MUNDO

Cual hojas de noviembre
de su memoria cayeron las palabras
recientes.
Luego los nombres de los árboles,
las señas de los suyos
—los vivos y los muertos—
y las voces lejanas de la infancia,
los nombres heredados.

Un día, al levantarse,
no pudo recordar ni sol,
ni aire, ni tú,
ni pan, ni yo, ni madre.

Olvidó finalmente
el nombre de la muerte
y a contemplar el mundo se dispuso
—ya sin saber que se llamaba mundo—
y a escuchar su silencio.

COMPAÑERA del alba,
dame
la luz, los ojos, dame la invisible
trompeta que convoca la raíz
poderosa,
la brisa de los álamos,
el vuelo de campanas,
el zumbar de la abeja.

Desvela la palabra ignorada,
que en los nidos despierta
el latir de la vida.

Porque ésta es la hora,
y ya los ríos parten
y abril se abre glorioso
con dientes de león en las praderas,
dame la mano y sube
al caballo que aguarda ante la puerta.

DICE verdad quien dice sombra.

Es camino en penumbra
la palabra del hombre hacia la luz.

Dices amor y dices noche.
Empieza con el canto de los gallos
y llega a las alondras
la palabra del hombre hacia el abrazo.

Dice vivir quien dice adónde
camina el agua clara.

La palabra del hombre
hacia la muerte
comienza en aquel cuaderno de rayas
y se tuerce en los versos
con que abres
la trocha entre las ramas
de la página blanca.

EL TIEMPO detenido
en pliegues por el rostro
sobre el espejo posa su luz fría.

Por la memoria miran otros ojos
—los tuyos—
y unos dedos que juegan a ocultarlos:
—Adivina quién soy.

Pero avanzan los días
y el tiempo se te borra y las arrugas
y la mano lejana.

Y el rostro y la memoria.

MEMORIA de los ojos
es memoria del árbol en silencio
a la espera del alba,
es memoria de barcos sin estela
perdidos en la niebla,
memoria de hojarasca sin viento
que oculta los caminos,
es memoria de nieve
que las pisadas borran.

. Ahora sólo un espejo.
Pasas la mano tibia
para limpiar el vaho,
y en él tus ojos, solos,
a los ojos te miran.

LA BELLEZA latía
en los huevos de abril
del pájaro sin nombre.

El llanto del amor
en el canto del ave.

La crueldad, en tu mano,
que paraba la vida.

EL AIRE necesita
una cigüeña o dos;
y el río, algunos chopos
vistiéndose de abril
y unas matas de mimbre
con su rumor de abejas;
y el monte, la sagrada
floración del espliego;
y el diente de león,
la pompa del vilano.

Y tu oreja, que suene
la palabra del padre:
El campo ya reluz
por Santa Cruz.

Eso es todo. Ya puedes
ir abriendo los ojos.

LLEGABA de los lobos y la noche
con el haz de carrascos en el hombro.

Bajaba de los lobos por el valle.
Y de la noche descendía
a pie junto al caballo.

En la noche venía de los lobos
con el balido triste del cordero
bajo el brazo
por las largas roderas de la nieve.

Después de tanto tiempo
hoy ha vuelto otra vez,
con menos años que los tuyos.
Y ha entrado de la noche
con sus manos de hielo.
Y ha entrado de la nieve sin caballo.
Y ha entrado de la noche y de la nieve
sin cordero.
Y por largas roderas ha bajado
para entrar de la noche y de la nieve
con la lenta chaqueta,
por las largas roderas de la nieve
a secarse en la hoguera.

Tú has movido las brasas y ahora pones
alguna astilla y soplas.

Mira ya cómo el vaho
sube triste
de su chaqueta.

dormida al fondo de tu infancia /
despertá / sacudite la noche

Ezequiel / Juan Gelman

LA CARTILLA de rayas
esperándote está sobre la mesa
y la hogaza reciente
y el cazuelo de leche
que se enfría.

En la escuela relumbran los cristales
y el maestro ya avienta su brasero.

Sacúdete la noche,
alma adormida.

Escucha las alondras
como mil corazones palpitando
al lado del camino
al empezar el día.

Convocándote, alma.

PONERLE un nombre a quien no habías visto
pero te llega en sueños
con todo su cansancio
y se parece a ti.

Darle un rostro, unos ojos,
oído, gusto, olfato, piel,
un cuerpo entero en suma,
y ponerle la mano por el hombro.

Darle el agua y el pan
y enseñarle el camino
para empezar nuevamente la vida.

Con él sentir el tacto de la piedra
como una mano tibia
que te está convocando
y esperar con paciencia
a que le crezca el musgo
o una brizna de hierba.

Cerrar los ojos y apuñar la nieve
de la infancia.
O abrir mucho los ojos
y conducir el sol con un espejo
por la alta espadaña,
por los pozos más hondos.

Oler el sol, la paja, el barro, el agua
en los adobes del verano ardiente.
Morder el dulce cornezuelo.

Escuchar cómo afila tu padre
la cuchilla de la garlopa
y ahora brota la luz en las virutas.

Oler los trigos que segaste,
apretar con los dientes
la cuerda de los sacos
y oír el agua del molino
en la hogaza partida.
Oler la mano de tu madre
saliendo de la artesa.

Escuchar cómo
se diluye la noche por los nidos
y empiezan ya los pájaros.

SIENTO frío en el alma,
pastorcilla que acunas.

Pastorcilla que alientas,
siento frío en las manos.
El viento de la tarde
aúlla en la majada.

Pastorcilla, que alientas
al gorrión en tu mano
y al cordero lo acunas
en el tibio regazo.

Siento frío en el alma.

El viento de la noche
en la majada aúlla.

REVELACIÓN

Descubrí la crueldad
en quien infló la rana
con caña de centeno
en las trillas de agosto.

Tuve noticia del miedo en otoño
por aquel que enclavó
las alas al murciélago caído de la torre
y lo puso a fumar un cigarrillo
contra el sol de la tarde.

En aquel que llevaba
cinco gatos al río de febrero
conocí la fiereza.

Y encontré la piedad
algún día de abril en quien dispuso
en caja de zapatos
junto al fuego
los tibios huevos verdes
robados en el nido del aliso.

Así fue como supe de la muerte.

LA MEDIDA DEL NIÑO

Desde la honda, la piedra
contra el pájaro negro.

La piedra fue un instante
cometa de la tarde,
tiza para una curva,
pájaro vivo y ágil.

Y era aquel cuervo, piedra
negra, impasible,
quieta,
posada sobre el poste
mirando tu crueldad.

ADOBES

Fueron paja trillada
y agua fresca y arcilla,
sol de agosto.

Hoy son muro y te ofrecen
contra la luz de julio
dónde apoyar la espalda
y el amor de la sombra.

PIEL DE VACA

por las tiendas de pieles donde suena un cuerno de vaca herida
FEDERICO GARCÍA LORCA

clavada en el desván y con puñados
de sal gorda y serrín
FRANCISCO ÁLVAREZ VELASCO

Ahora, cornales
para el yugo que empareja dos lentos
bueyes rubios,
sobeo
para el arado con que vas abriendo
el oscuro tempero de la tierra.

Cinturón, ahora,
para los pantalones de tu costumbre;
monedero que abres
para comprar el pan;
cuero para las sandalias de agosto
o funda de pistola.

Fue una mañana de diciembre
y de mugidos.
Le tapamos los ojos con un saco

y la muerte traía entre la niebla
un pico contra su cerviz.

Ahora, estuche de violín
donde están sonando los pájaros
alegres de Vivaldi en primavera.

GREGOR SAMSA FRENTE A LA VENTANA

Solamente dos gotas
purísimas de aceite,
o bien dos solas lágrimas.

Contra el mundo y la luz
y todas sus certezas,
las puertas me han clavado,
me han tapiado los aires.

Sin aves por el cielo,
la luz fría se astilla
en la mañana
y no se va la noche.

¡Ay si tuviera ahora
solamente dos gotas
de aceite puro
para estas dos bisagras oxidadas,
para que el alba abriera
sus ventanas,
las cancelas de luz
y brisa tibia,
o dos lágrimas solas…!

INVENTARIO PARA UNA INFANCIA LEJANA

En el papel:
el perro, la paloma,
arena blanca por los márgenes
y un poco de serrín,
la luz del vidrio roto
y la piedra de sal para la vaca,
el zapato de la madre ahogada,
la soledad del perro,
el cántaro llenándose.

Y el oro del aceite
y la mancha oxidada del vinagre.

En la pizarra:
el rastro de la tiza,
el triángulo de Dios,
la casa con el humo
y un camino y un árbol,
las letras de tu nombre
en tres colores.

Y el gris de la mañana
y el oro de la tarde.

En la pared:
los rostros de la noche,
los ojos de la fiebre,
los labios de la aurora
y el piar del gorrión
que anuncia la tormenta,
el derrumbe del día.

Y la sombra del cuervo
y la voz de las tórtolas
en los sauces del Luna,
en los chopos del Órbigo.

SISTEMA DISTRIBUTIVO

Solo un aceite solo
contra los dos vinagres.

Una paloma sola
contra dos gavilanes.

Solo una rosa roja
contra las doce espinas.

Solamente un narciso
contra las veinte ortigas.

Solo una vida sola
contra las muertes todas.

Apenas una fuente,
un arroyo y su río
contra la mar inmensa.

NOVIEMBRE, MMXIII

Si empezaba la noche sin remedio,
¿dónde buscabas, madre,
con manos, ojos, boca
la luz de la mañana?

Y de pronto la tarde
se llamaba jamás
y empezaba noviembre.

De repente, sin ti, era polvo la brisa
soplando por el alma.

Desde entonces,
tan ancho y tan espeso es el silencio
que quisiera poblarlo
de tus voces llamándome hacia el río.

Y vienes por el sueño
con la rica merienda del verano.

LAS DOS ORILLAS

Qué nos buscas, oh mar...
CÉSAR VALLEJO

Hoy he visto que el hombre
se encoge y curva un poco
por el costado izquierdo,
porque su cuerpo alberga
un corazón de piedra,
un buen lastre que ayuda
cuando el río lo empuja hasta la mar.

De la mar, sin embargo,
pocas cosas sabemos:
que se nutre del hombre
y de la tierra y sus arroyos
y de las deyecciones
de todas las ciudades
que a veces nos devuelve.

Desde la mar nos vienen las gaviotas,
que lanzan excrementos
sobre calles y plazas
y arrojan sus chillidos
salvajes en la noche

contra el dulce soñar de los que duermen.
Y en las mares remotas,
algún cadáver niño.

Son las sucias señales
de esa orilla.

La vida es como es
y no vienen al caso
los empeños del hombre.
(En cambio, de la muerte
nunca se sabe
porque nadie ha vuelto,
excepto el hermano de María y de Marta
y aquel de Nazaret, al cabo de tres días,
pero nada dijeron.)

Y tú oyes los chillidos
de las sucias gaviotas
voraces en el ábrego
que muerde las esquinas.

En la fachada al norte
está la sombra fría,
la ansiedad insaciable de la mar
que hasta aquí llega.

¿Qué te ofrecen los años por venir,
el incierto futuro?

Y si acaso algún dios te queda, nada
vendrá a entregarte
(bien sabido es de todos
su silencio,
aguardando a los dados del azar).

Mejor, vuelve al principio
—aquel buen territorio
cuando empezó la vida—.
Vuelve a los álamos,
junto a la fuente fría;
al crepitar ardiente del centeno,
a los ojos aquellos que miraban
y miraban atentos
debajo de los puentes
cómo el agua corría,
limpia y clara,
en su eterno pasar.

Y escucha nuevamente
con aquellas orejas
de la infancia

sonar tu corazón
y el murmullo infinito
del río en su camino,
la risa de los sauces,
el sosegado son de las espigas.

TÚ ME QUITASTE, amor,
el silencio, la seca soledad.

Tus claros ojos
me conducían
al alto manantial
de aquellas aguas vivas
cantando en la ladera.

Ahora, para olvidar,
para aplazar la muerte,
para burlar la muerte,
¡a tu lado, mirar,
mirar pasar los ríos,
mirar pasar el agua,
oír cantar las aguas
desde todos los puentes de la vida!

EL ULTRAJE DEL TIEMPO

¿Cómo aplacar la vida?

La pátina amarilla de las perlas
en el cuello arrugado de la dama,
el óxido que roe los candados de amores
hace tiempo borrados
por la lluvia y el viento en las barandas,
el color ya sin luz
en el traje de la novia
con bolas de alcanfor,
la lepra del manzano,
el progreso al horror
en la piel tatuada de los viejos,
la postal de ultramar
con paloma, violetas y un «te quiero»…

¿Y cómo apuntalar
las ruinas que no cesan
del ultraje del tiempo?

LA VIOLENCIA DE LAS HORAS

(Al modo de César Vallejo)

Murió el abuelo Manuel, que tenía un pozo de aguas vivas
con truchas, adonde yo tiraba las migas que caían de la hogaza.
Murió el mastín León, que me dejaba cabalgarlo.
Murió la abuela Magdalena, que, en los atardeceres,
buscaba huevos tibios para mi merienda.
Murió el maestro don Evelio,
que tosía mucho a pesar de su brasero.
Murió el abuelo Félix,
que me enseñó a seguir el rastro de las liebres por la nieve.
Murió abuela Josefa, que me pedía que le enhebrase las agujas.
Murió la perra Lola, que se echaba a mis pies cuando yo comía.
Murió mi burro, que nunca tuvo nombre.
Murió el mirlo aquel que robé de un nido y que comía lombrices en mi
    mano.
Murió la estraperlista
(no recuerdo su nombre)
que bajaba del monte con su mula
y unas grandes alforjas
y una navaja ancha atada a la cintura
y me daba siempre una almendra garrapiñada.

Se secó la Fuente de la Seda, donde yo buscaba los cabellos verdes de una
    náyade.

Murió mi padre, solo, sin saber que moría.

Poco a poco, murió madre.

Murió Agustín porque decidió morir.

Murió, por san Juan, Cecilio, que pintaba desnudo mientras sonaba la
    música

de Juan Sebastián Bach.

Murió tío Manuel, que siempre fue muy fiel a sus ideas.

Murieron mis hermanos, así tan de repente o poco a poco.

Muere mi tiempo fugitivo y estoy velándolo.

AY, SAN JOSÉ, SAN JOSÉ
[villancico]

Ay, san José, san José,
ya no encuentras ni madera,
ni tienes una garlopa
ni tan siquiera una sierra
para fabricar la cuna
al niño Jesús que llega
sobre las aguas del mar,
al niño Jesús chiquito,
que nació en una patera.

Puedes hacerla de plástico
y un pegamento cualquiera
y adornarla con las algas
y las conchas de la arena.

Ay, María se ha perdido
y nadie le dará teta:
se la ha llevado una ola,
una de esas olas negras.

Ay, san José, san José,
ya nadie le dará teta
al Niño Jesús, que llora.

Ay, que no abre los ojos,
que ya ni llora ni alienta
sobre las aguas del mar
el Niño Jesús que llega.

Mejor, hazle una cajita
para arroparlo en la tierra.
Ay, san José, san José,
para arroparlo en la arena.

¿DURAR como la piedra?
Mejor, mucho mejor,
morir como el adobe
que el aire, el agua, el sol
y el tiempo desordenan
en barro,
en limo,
en paja.

ESTAS DOS son tus manos campesinas
que ataban las gavillas del centeno
y buscaban los tibios nidos en el zarzal
del camino y amasaban los adobes de agosto.
Estas dos son tus dos manos de poeta
que intentaban labrar algún soneto,
poner en el cielo azul solo un pájaro
solitario saliendo de la noche.
Estas son tus dos manos que la amaron,
que cogieron las tuyas y alentaban
en ellas contra el frío, y apartaron
las piedras. Estas tus manos abriendo
la fuente de la vida.

HOJA DE OTOÑO

[A mi madre, in memoriam]

De oro y lenta
y silenciosa
cae.
Dos de noviembre.
En la tierra, perdida.
En la memoria, viva.

FINAL

Bien sabes que al final de tanto afán,
la vida se termina en un silencio
como de pozo seco, como una piedra
que nunca ha movido nadie,
como un jirón de ola que se pierde en la espuma,
como una tarde gris y polvorienta.

Los que te conocían y te amaron
de sollozo a sollozo recordarán tu vida.
Después en negro tintarán sus ropas.
Luego serán de alivio.

Y en un atardecer de oro
se acordarán, tal vez, de que a tu lado
mirabais cómo el sol se hundía.

HAIKUS

Abre la puerta
porque ahora en los huesos
traigo lluvia.

Abril florido.
Las flores por la noche
no tienen sueño.

Tu pecho ardiente.
Los cerezos te ofrecen
nieve en los pétalos.

Oír su voz
era aquella avecilla,
la del albor.

Como abrazar
un abedul desnudo,
tomar su cuerpo.

Mira a la madre:
el pan sobre el regazo.
Olor a encina.

Vuelves la espalda.
El chopo del camino
te dice adiós.

Agrio arrebol.
Sangre sucia en las nubes
del lubricán.

Pasan las horas.
Los raíles del tiempo
nunca terminan.

Es primavera.
Por el aire se alza
la luz en vuelo.

Goza el instante.
Es incierta la vida;
seguro, el fin.

¡Una luciérnaga!
Pero a tu alma ¿quién
vendrá con luz?

La abeja liba
en dientes de león
polen de oro.

A tu balcón
vuelven las golondrinas
y mi nostalgia.

El alba, pura.
El cuervo es una mancha
de tinta china.

Nevada en mayo.
Mariposas suicidas
liban la nieve.

Chopo desnudo.
Las hojas en el río
hacia la mar.

Las margaritas
con sus pestañas blancas
miran al cielo.

ÍNDICE